FLUTURIM
DREJT
LIRISE
Altin Dervishi
Quince & Green

Kjo është historia që tregon se si familja ime, u keqtrajtua dhe u ndëshkua padrejtësisht për afro dyzet vjet, dhe si të gjithë ne sëbashku me Gjyshen, i shpëtuam persekutimit Komunist dhe fluturuam drejt lirisë në Kanada.

Dielli po ngrihej ngadalë, duke zbuluar me kujdes ngjyrat e ngrohta të maleve dhe kodrave përreth. Ky peisazh i magjishëm, pasqyrohej në ujërat e kaltra të detit Adriatik dhe Jon. Valët e shpejta të detit, thërmoheshin pas shkëmbinjëve të ashpër duke u shpërndarë përgjatë vijës së artë. Ky ishte bregdeti Shqiptar, vendlindja ime. Një vend i vogël me bukuri të mahnitshme, por që për vite me radhë ishte i izoluar dhe i mbyllur nga bota.

Kudo kontrolli ishte shumë i rreptë, dhe vetëm pak njerëz lejoheshin të lëviznin brenda dhe jashtë vendit. Askush tjetër.

Ishte fillimi i viteve 1950. Kufijtë ishin plot me ushtarë, që qëllonin çdokënd që përpiqej të arratisej. Varfëria dhe uria kishin pllakosur kudo.

Jeta ishte e vështirë për të gjithë, por askush nuk guxonte të ankohej nga frika e ndëshkmit dhe burgosjes.

Gjatë kësaj periudhe, edhe familja e Gjyshërve të mij nga zona e Korçës, ishte në të njëjtën gjëndje. Ata përpiqeshin me shumë mundime të rrisnin nëntë fëmijët e tyre të vegjël, gjashtë djem, dhe tre vajza. Kjo nuk ishte e lehtë.

Sikur të mos mjaftonte e gjithë kjo gjëndje e rënduar, shumica e pronave që njerëzit kishin trashëguar brez pas brezi, u mor me forcë nga shteti Komunist. Toka e konfiskuar u kthye në Pronë Publike.

Disa kushërinj të familjes, e kundërshtuan këtë padrejtësi të pa justifikueshme. Ata kërkuan t'u kthehej toka e tyre, por si përgjigje u ndëshkuan me burgime shumëvjecare. Disa të tjetrë, u ekzekutuan për kundërshtim ndaj Partisë dhe Shtetit. Kjo situatë, solli një keqtrajtim të padrejtë dhe një përbuzje edhe ndaj kushërinjve, dhe gjithë pjestarëve të fisit që kishin atë mbiemër.

Ditët kalonin dhe gjëndja sa vinte dhe po përkeqësohej. Në këtë periudhë të vështirë, tre vëllezër adoleshentë vendosën të largohen nga Shqipëria, duke i shpëtuar sistemit Komunist. Ky ishte një vendim për jetë a vdekje.

Çdo ditë shumë njerëz humbisnin jetën, në përpjekje për të kaluar kufirin. Ata që kapeshin gjallë, dënoheshin me burgim shumëvjecar.

Vëllai më i madh, e kishte planifikuar me kujdes arratisjen, me ndihmën e një kushëririt të tij bari që e njihte zonën mirë.

Ata vendosën të kalonin kufirin Grek, afër një pylli, në mesnatë.

Në qoftë se të rinjtë do të ishin në gjëndje të shpëtonin gjallë në anën tjetër, ata do të vazhdonin rrugën e vështirë dhe të rrezikshme nëpër kodra dhe male, derisa të gjenin ndihmë.

   Por kjo nuk ishte koha e duhur për t'u nisur. Dimri ishte i ftohtë dhe dëbora kishte mbuluar malet përreth. Plani u mbajt sekret, dhe çunat pritën dimrin të largohej.

   Pas disa javësh ankthi dhe padurimi, pranvera po afrohej me gjelbërimin dhe cicërimat e zogjve. Ata ishin gati.

   Momenti i nisjes erdhi, dhe lamtumira ndaj nënës, babait, motrave dhe vëllezërve, ishte një nga çastet më të vështira dhe emocionale të ndarjes.

Një nga një, me puthje, përqafime, dhe me lot në sy të tre adoleshentët morën bekimin e prindërve.

Gjyshja ime, nuk guxonte të ndahej nga djemtë e saj. Ajo thithi thellë afshin e tyre, dhe i shtrëngoi fort në kraharor me dhimbje. Kjo ishte me të vërtetë një lamtumirë e vështirë.

"Në qoftë se nuk keni mundësi ta ndihmoni dikë, mos i bëni keq," këshilloi babai. " Dhe mos u shqetësoni për ne. Ju vazhdoni së bashku dhe mos u ndalni deri sa të arrini në Kanada," vazhdoi ai.

" Ne do të punojmë për një jetë me të mirë, dhe shpresojmë të bashkohemi së shpejti," murmuritën djemtë të emocionuar. Thellë në brendësi të tyre një ndjenjë mpirjeje, dyshimi, dhe frike po ngjallej. Ata ishin gati për t'u ngashëryer nga hidhërimi. "Ju do të jeni gjithmonë në zemrat tona," tha nëna e mallëngjyer dhe e drithëruar, në errësirën e mjegullt të mesnatës. "Lamtumirë…"

 Mars 1951. Një natë e lagësht dhe pa hënë, drejt një jete të pa njohur.

Duke ecur ngadalë në thellësinë e pyllit, ata mbanin një boshllëk në shpirt. Vallë a do të mund të shpëtonin gjallë prej aty? A do të takoheshin përsëri me familjen? Siluetat e tyre djaloshare, u zhdukën qetësisht në errësirën e thellë.

Ditët kaluan. E gjithë familja dhe sidomos gjyshja, prisnin me padurim për ndonjë lajm. A e hodhën kufirin djemtë pa u diktuar ?

A do të ishin shëndoshë e mirë ? Këto ishin mendimet që po e brengosnin duke shpresuar se dikush po i ndihmonte në malet dhe pyjet e Greqisë.

Pas disa ditësh përgjigjia erdhi me ndëshkim. Një mbrëmje, policia dhe shërbimi sekret, sa nuk shpërthyen derën me britma dhe potere. Britmat ishin të egra.

"Hapeni derën! Të poshtër! Tradhëtarë të fëlliqur!

Ata filluan të kthenin çdo gjë përmbys, sirtare, dollape dhe sëndyqe. Ndërkohë, marrja në pyetje dhe tortura ndaj pjesëtarëve të familjes vazhdonte.

Megjithëse policët ishin të ashpër madje dhe ndaj fëmijëve të vegjël, asnjë njerëzit e shtëpisë nuk tregoi gjë për vëllezërit e tyre.

Më në fund ata u larguan duke bërtitur të inatosur " Djemtë tuaj kanë tradhëtuar Atdheun. Ata janë arratisur në Greqi. Ju jeni të gjithë armiq dhe keni për ta paguar shtrenjtë!" klithi dikush prej tyre.

Zemra e Gjyshes gufoi nga kënaqësia. Tre fëmijët e saj ishin jashtë rrezikut! Ata i kishin shpëtuar kësaj jete frike dhe ankthi, dhe ishin të lirë të vendosnin për fatin e tyre.

Nga ai moment, jeta e tyre filloi të marri një tatëpjetë të rrëpisur. Pas njollosjes si "tradhëtarë të atdheut," e gjithë familja filloi të përbuzej edhe më shumë dhe të izolohej në rrethin shoqëror. Shumë shpejt hakmarrja filloi...

Xhaxhai (një adoleshent i ri në ato vite), u akuzua padrejtësisht për tentative zjarrvënie ndaj një magazine bari të kooperativës. Shoku i tij i lagjes që ish pak më i madh në moshë, u dënua me varje. Xhaxhait i dhanë njëzet vjet dënim, për një ngjarje dhe akuzë të trilluar.

Menjëherë, shtëpia e tyre dhe çfarë kishte mbetur nga prona u përvetësua nga Shteti.

Gjyshërit u arrestuan, u torturuan dhe u mbajtën në burg për një kohë të shkurtër. Më vonë ata u dërguan për më shumë se një vit, në një kamp të tmerrshëm internimi në Tepelenë.

Aty njerëzit ecnin këmbë zbathur në dëborë, punonin rëndë, dhe ushqeheshin me pesëqind gram bukë të mykur misri në ditë. Ndonjëherë tek-tuk shtohej edhe ndonjë qepë e krimbur. Në sytë e njerëzve dhe sidomos të fëmijëve të pafajshëm shihje vetëm uri, vuajtje, sëmundje dhe vdekje.

Pas gjithë atyre mundimeve në kampin e Tepelenës, internimi në Çermë të Lushnjës ishte një lajm i gëzuar për Gjyshin dhe Gjyshen.

Kampi i Çermës që ishte një vend i izoluar, shtrihej në një fushë pranë një ish kënete të infektuar nga mushkonjat, minjtë, dhe e mbuluar nga barraka shumë të vogla përdhese, të tipit kolibe druri. Pa ujë dhe pastërti, ditët e nxehta të verës ishin më të pa durueshmet.

Pas internimit të prindërve dhe përvetësimit të shtëpisë, fëmijët mbetën në mes të katër rrugëve, pa familje dhe kujdes.

Babai im (që ishte rreth dhjetë vjeç në atë kohë), u ndihmua nga disa kushërinj zemërmirë. Ata e prezantuan me një familje bujare nga fshatrat e Ersekës, ku ai punoi si bari në malet përreth. Në këtë familje ai u trajtua si djali i shtëpisë.

Dy fëmijët e tjerë, një motër gjashtëvjeçare, dhe një vëlla tetë vjeçar, gjetën mbështetje nga një kushëri i largët. Duke pasur frikë nga ndëshkimi policor, kushëriri vetëm i lejoi të vegjëlit të flejnë në hambarin e kashtës, mbrëmjeve kur të errësohej. Kashta dhe disa batanije, i mbajtën ata ngrohtë nga dimri i ftohtë Korçar.

Çdo ditë para se të agonte, vogëlushët duhej të kishin dalë nga hambari në errësirë nga ku vëlla e motër, merrnin rrugën drejt pazarit të qytetit. Aty ata endeshin me shpresë dhe uri gjithë ditën, duke pritur mbrëmjen e errët. Shumica e njerëzve duke përfshirë dhe familjet që i njihnin, kishin frikë të kujdeseshin për ta.

Me pak ndihmë nga disa njerëz bujarë, fëmijët arritën ti mbijetojnë dimrit të ashpër.

Pas më shumë se një vit mundimesh e vuajtjesh, më së fundi ata u ribashkuan me prindërit në kampin e internimit në Çermë të Lushnjës.

Ribashkimi i disa prej fëmijëve solli shpresë dhe gëzim tek familja dhe sidomos tek prindërit e dregosur, por kjo nuk zgjati shumë. Disa muaj më vonë, vajza e vogël, (që atëhere duhej të ishte rreth shtatë vjeçe), papritur u sëmur rëndë dhe vdiq në kushte të vështira.

Jeta nuk mund të bëhej më e paduruar për Gjyshërit e mij, që e shihnin familjen dhe fëmijët e tyre të katandisur në këto kushte.

Ata nuk kishin bërë asgjë të keqe dhe nuk e meritonin këtë trajtim, po kjo mesa dukej ishte fatura e fatit të tyre dhe për momentin skishin rrugëdalje tjetër.

Me kalimin e viteve, kjo lloj jete u bë normale për ta. Babai im, djaloshi që punoi si bari, gjithashtu i gjeti prindërit e tij pas disa vitesh largësie. Vëllai tjetër (Xhaxhai im), më në fund u lirua nga burgu para kohe, për sjellje të mirë; kjo pasi kreu më shumë se gjysmën e dënimit. Ata u bashkuan të gjithë atë kamp pune, ku familja po merrte formën normale.

Gradualisht të gjithë fëmijët, duke përfshirë dhe dy vajzat e tjera, u martuan dhe filluan të krijojnë familjet e tyre në kampe internimi si ai i Maliqit në Korçë. Në këto kampe, prindërve dhe kushërinjve ju binte bretku fushave dhe kënetave, në ditët e gjata e të pafund, dhe në pikun e vapës. Ishte punë rraskapitëse, por ata gjithmonë ruanin pak humor dhe entuziazëm çdo natë.

Në mbrëmje të veçanta dhe në ndonjë fundjavë, njerëzit mblidheshin së bashku dhe ja merrnin këngës popullore apo dhe ndonjë valleje, në barrakat e ngushta të drurit pa dysheme. Aty festoheshin ditëlindjet, përvjetoret, fejesat dhe martesat. Kënga dhe vallja zgjasnin deri në mesnatë. "Të gjitha na i morën por këngën, vallen dhe harenë sna e marrin dot," shpreheshin familjarët me shaka të kujdeshme.

Shumë prej familjeve të tjera të internuara, rojet e kampit dhe operativët, zbaviteshin dhe kënaqeshin kur shikonin këtë aheng të vonë gjatë mbrëmjeve të nxehta. Disa prej tyre e kishin zemrën e mirë, por sidoqoftë detyra e tyre ishte të na ruanin, vëzhgonin e përgjonin, njëzet e katër orë në ditë, shtatë ditë në javë.

Familjet e internuara, duhej të merrnin leje për të dalë nga kampi në raste dhe emergjeca të ndryshme, por kjo me arsye të forta dhe serioze. Ishte një nga këto kampe internimi, dhe konkretisht ai i Kosovës së Madhe në Dumre të Elbasanit, ku unë u linda dhe zuri fill fëmijëria ime. Ky kamp ishte me i lirshëm se ai i Çermës dhe më pak famëkeq. Me vëllain dhe motrën më të madhe, dhe me kushërinjtë moshatarë, ne u rritëm me ndjenjën e frikës dhe të kujdesit, si në oborrin e shkollës, ashtu edhe në ambjentet përreth.

Vajtja në shkollë ishte kënaqësi. Shumë prej nesh ishim nxënës të mirë në mësime, por e ardhmja dhe fati jonë ishte përcaktuar nga Sistemi Komunist për tu bërë bujq në fushat e Maliqit, Dumresë apo të Myzeqesë, përreth zonave të internimit.

Nëna dhe Babai, nuk ankoheshin kurrë, për jetën e vështirë që kalonim në kampin e internimit. Ata shqetësoheshin se ne mund ti përsërisnim ato fjalë ankesash dhe pakënaqësish, në bisedat tona me shokët dhe mësuesit, kur luanim jashtë. Por dhe ne, të mësuar me atë sistem frike, bënim kujdes po aq sa dhe ata.

Gjyshi dhe Gjyshja gjithmonë përpiqeshin të na shpejgonin merakosjet e tyre ndaj nesh, dhe t'ju përgjigjeshin me thjeshtësi dhe maturi pyetjeve tona. Maturia dhe kujdesi ishin një nevojë e mbijetesës. Më kujtohet se kur ishim të vegjël, Gjyshi na mblidhte ne të vegjlit mbrëmjeve rreth vatrës së zjarrit, dhe na tregonte histori të ndryshme. Një prej tyre ishte historia e jetës së tij djaloshare në Kanada.

    Kjo histori filloi mbas Luftës së Parë Botërore, kur Gjyshi vendosi
të emigronte në moshë të re, për një jetë më të mirë në Perëndim.
Në fillim Ai udhëtoi për disa ditë drejt Anglisë, prej ku mori një anije
të destinuar për në Halifaks të Kanadasë. Ky udhëtim zgjati rreth dy
javë. Ishte Maj 1916.

    Me të arritur në portin e Halifaksit, djaloshi energjik vazhdoi
udhëtimin e tij në tokën e panjohur me destinacion Toronton. Në
Toronto atë e prisnin dy tre kushërinj të tij.

    Disa ditë pasi arriti, kushërinjtë e ndihmuan duke i gjetur punë si
kasap, në një fabrikë të paketimit të mishit të quajtur " Canada
Packers", sot kombinati i mishit "Maple Leafs" .

Ndonjëherë kur kishte pak kohë të lirë, Gjyshi çlodhej në stolat e një parku të gjelbër pranë lagjes ku banonte. Ai admironte ndryshimin e stinëve të vitit, që pasqyrohej në ngjyrat mahnitëse të gjetheve të pranverës, verës dhe sidomos të vjeshtës, në parkun e mbushur me pemë panje. Kjo pemë gjendej kudo në Kanada, dhe është simboli i flamurit të tyre.

"Ishte gjithmonë kënaqësi të shihje fytyrat buzagas të banorëve përreth, që më përshëndesnin gjithmonë me një "Hello" të thjeshtë dhe të sjellshme. Kanadezët ishin me të vërtetë xhentilë, bujarë, dhe të respektueshëm," shprehej Gjyshi.

Pas disa vitesh pune të rëndë dhe kursimesh, jeta e vetmuar e bëri të ndjejë edhe më shumë mall dhe kuriozitet për vendlindjen.

Rreth mesit të viteve 1920, Gjyshi vendosi të kthehej tek familja dhe rrënjët e tij shqiptare.

Një vit pasi u kthye në vendlindje, ai u martua me një vajzë të re dhe simpatike (Gjyshja ime), që vinte nga një familje me emër në atë kohë.

Me paratë që solli nga emigrimi, Gjyshi bleu disa hektarë tokë, dhe aty ndërtoi një shtëpi dy katëshe. Vitet kaluan dhe çifti i ri po jetonte një jetë të thjeshtë e të gëzuar. Gjatë kësaj kohe ata patën njëmbëdhjetë fëmijë, dy nga të cilët vdiqën në lindje, nga mungesa e kujdesit shëndetësor.

Jeta ishte e mirë për njëfarë kohe, me pak të përpjeta dhe të tatëpjeta aty këtu, dhe papritur gjërat ndryshuan. Shqipëria e vogël u përfshi nga afshi i zjarrtë i Luftës së Dytë Botërore.

Shumë ushtri të huaja si ato Greke, Italiane dhe Gjermane hynë dhe dolën; ata dogjën, vranë, konfiskuan, shembën dhe shkatërruan atë çka kishte ngelur nga vendi i vogël feudal. Gjyshi mundi tju mbijetojë të gjitha këtyre viteve të turbullta.

Ai e mbrojti sa mundi familjen e tij të madhe prej nëntë fëmijësh, dhe nuk mbajti anën e askujt gjatë luftës. Gjatë momenteve të vështira, Gjyshi kujtonte me nostalgji rrugët e qeta të Torontos, me kalimtarët e këndshëm dhe të respektueshëm. Mbase ai duhej të kishte qëndruar atje...por tani ishte tepër vonë...

Pas disa vitesh vuajtjesh dhe brutaliteti, më në fund lufta përfundoi. Por megjithëse një numër i madh të rinjsh dhanë jetën për ditë më të mira, vështirësitë dhe hallet nuk përfunduan në Shqipëri.

Kohët kaluan, dhe shpresat e Gjyshit për një jetë të lirë dhe demokratike në atdheun e tij, u zbehën gjithnjë e më shumë. Familjarisht i internuar në gjithë ato kampe internimi, ai filloi të meditojë dhe të ëndërrojë për ribashkimin me tre djemtë e tij, që tani ishin bërë burra. Nga arratisja në Greqi ata emigruan në Kanada, dhe të tre punonin së bashku dhe bënin një jetë normale me familjet e tyre. Gjyshi kishte dëgjuar, që vëllezërit kishin ecur mirë, duke patur sukses dhe emër të njohur me një restorant afër Torontos. Qyteti quhej Peterborough.

Shumë vite kishin kaluar që prej asaj mesnate të ftohtë pranvere, kur ju dha lamtumirën dhe bekimin djemve.

Atë e kish marrë shumë malli për ta.

" Kanadaja është me të vërtetë një vend bujar, me liri dhe të drejta. Mbase një ditë ne do të bashkohemi të gjithë atje," ëndërronte ai me pak shpresë.

Fatëkeqësisht ajo ditë nuk erdhi kurrë për njeriun punëtor, të vuajtur dhe të munduar, që e kaloi më shumë se gjysmën e jetës së tij mbrapa telave me gjemba. Gjyshi vdiq në varfëri dhe në vështirësi, dhe la pas ëndrrat dhe amanetet e tij.

Xhaxhallarët nga përtej detit, u përpoqën shumë herë të na ndihmonin të gjithëve, por shumica e letrave dhe të hollave nuk na ranë në duar. Policia sekrete ushtronte një kontroll të rreptë ditor ndaj postës dhe letrave që vining nga jashtë vendit.

Ndonjëhërë Gjyshja na jepte përqafime të ngrohta ne kalamajve, për të na dhënë shpresa dhe besim.

" Ditë më të mira do të vijnë, dhe ju do të bashkoheni me kushërinjtë tuaj në një botë tjetër. E ardhmja do të jetë e gëzuar për të gjithë," më kujtohen fjalët e saj.

Dhe ashtu e menduar, me ato fjalë shprese, unë ulesha pranë dritares dhe vështroja qiellin e errët dhe të pakufij të mbushur me yje të shndritshëm. Diku andej duhej të ishte një botë e madhe, e ndryshme nga e jona, dhe unë kisha shumë dëshirë ta shihja.

Jeta ime ishte e thjeshtë dhe urimet dhe shpresat e mija para gjumit, ishin që sa më shpejt ëndërrat tona të bëheshin realitet.

Disa vjet të tjera kaluan, dhe një ditë babai u kthye në shtëpi me një buzëqeshje plot shpresë. Kjo nuk ishte dhe aq normale për ditët e lodhshme të tij.

Ai kishte takuar dikë, që i kish premtuar për të na nxjerrë jashtë Shqipërisë kundrejt një pagese. Askujt nuk po i besohej.

"Nuk ka mundësi," tha nëna. "Burrë ki kujdes dhe mos ju zerë besë se do të na marrësh në qafë të gjithëve." vazhdoi ajo e pasigurt.

Por durimit i kishte ardhur fundi. Pas disa ditësh, babai vendosi ta ndjeki këtë çështje me kujdes.

Ne ishim të pushtuar nga një ankth gëzimi dhe meraku. Ishte një shpresë e pabesueshme.

Ky ishte një plan shumë i rrezikshëm, që duhej të mbahej sekret. Babai pagoi shumën që ju kërkua dhe të gjithë pritëm me shqetësim.

Paratë ishin kursimet nga vitet e rënda të punës, nga shitja e disa gjërave dhe objekteve me vlerë të shtëpisë, dhe disa kursime dollari që xhaxhallarët na kishin dërguar vite me parë.

Në sajë të personit dhe shokëve të tij, pasaportat dhe biletat e avionit ishin gati. Të gjithëve na dukej çudi, që për herë të parë në jetën tonë zotëronim pasaporta. Gjithë dokumentet ishin legale por ne kurrë nuk do të mund të ishim në gjëndje për ti nxjerrë, nga sistemi i rreptë i kontrollit, dhe sidomos për ata që konsideroheshin "familje tradhëtarësh" apo "me biografi të keqe."

Ishte fund tetori 1989. Më në fund erdhi dhe momenti i nisjes.

Ne ftuam tezen në shtëpi për të treguar që shtëpia kishte njerëz dhe për të maskuar ikjen tonë.

Prindërit e kishin planifikuar ikjen nga kampi i internimit pa u zbuluar.

Megjithëse vendi ruhej njëzet e katër orë, gjërat kishin ndryshuar disi. Përgjimi nuk ishte edhe aq i rreptë siç kishte qenë vite më parë dhe njerëzit kishin filluar të lëviznin pak më lirshëm.

Një mik i babait ishte roje në kamp. Njeriu i besuar, na kish premtuar për ta bërë "një sy qorr e një vesh shurdh" kur ne të iknim.

Jashtë ishte errët dhe një mesnatë e ftohtë, dhe brenda ne po bëheshim gati me drithërima për tu nisur fshehtazi.

Emocionet ishin të papërballueshme. Nëna përqafoi fort motrën e saj më të madhe, sikur të ishte hera e fundit që do shiheshin. Lotët e nxhehtë, rrëshqisnin në faqet tona të skuqura nga frika dhe meraku.

Rrënqethjet dhe shërmëtimat, vazhduan qetësisht në makinën e errët, përgjatë rrugës për në aeroport.

Pasi arritëm në kohë në aeroportin e vogël të Rinasit, vendosëm të ndaheshim në tre grupe dyshe; Babai dhe Unë, Nëna dhe Motra, dhe Gjyshja me Vëllain. Ne u rreshtuam qetësisht në radhë, duke u përzjerë mes turmës së vogël me vendasit dhe të huajt, në ndjekjen e procedurave të fluturimit.

Ushtarët dhe oficerët e policisë, dhe midis tyre dhe mbase civilë të shërbimit sekret, i shihje tek tuk nëpër sallën e aeroportit. Ne qëndronim të heshtur dhe kokë ulur, duke u përpjekur të maskonim shikimin tonë të turbullt dhe të shqetësuar. Sapo filluam të ecnim ngadalë drejt pistës ku priste avioni i vogël Hungarez, dikush dyshoi për ne. Ai po fliste me disa të tjerë duke na vëzhguar prej së largu. Zemrat tona po dridheshin nga frika dhe ankthi.

"Po na shohin!" pëshpëriti vëllai. "Mos e kthe kokën, mos shiko," ja ktheu babai me zë të ulët. Të gjithë po ndjeheshim të trembur dhe të nervozuar. Pasi u ngjitëm një nga një në avion, ne ndoqëm radhën me ngadalë dhe udhëzimin e stjuardesave të sjellshme. Të gjithë u ulëm në vendet e caktuara dhe po prisnim me ankth e merak se çdo të ndodhte nga momenti në moment.

Jashtë dëgjoheshin thirje dhe zëra të zhurmshëm. Situata dukej e tensionuar. Gjyshja jonë nëntëdhjete e tre vjeçare mund t'ju kish tërhequr vëmendjen duke shkaktuar dyshime. Nuk ishte normale për dikë në atë moshë të udhëtonte jashtë shtetit nga aeroporti i Rinasit. Pas një kohë të shkurtër, që ne na u duk shumë e gjatë, dyshimet e disave u injoruan.

Prej së largu u dëgjuan disa britma; ishin urdhërat për procedurat e nisjes së avionit. Pas disa momentesh, më së fundi avioni filloi të shpejtojë drejt pistës së vogël të aeroportit. Sytë tanë u ngulitën me ankth në dritaren e vogël, ku për së largu po zhdukej godina e aeroportit dhe uniformat e gjelbërta të ushtarëve. Kjo për tu siguruar se askush nuk po na ndiqte.

Vështrimet tona të merakosura, u kryqëzuan me njëri-tjetrin, si për të thënë diçka që nuk mund ta shprehnim. Fytyrat e secilit prej nesh ishin të zbehta, dhe i gjithë fiziku jonë dukej i paralizuar. A ishte kjo e gjitha? Vallë a i shpëtuam izolimit? Asgjë nuk po na besohej. Gjatë gjithë kohës ishim ngurruar nga frika se do të përfundonim në burg, apo më keq akoma...

Sidoqoftë asnjë prej nesh nuk guxoi të shprehte gëzim, apo ndonjë lloj emocioni të ngjashëm pasi ne po fluturonim në një avion Komunist. "Çdo gjë mund të ndodhë deri sa të arrijmë në Budapest," pëshpëriti nëna. Ajo ishte e pushtuar gjatë gjithë kohës nga meraku. Aeroplani fluturoi qetë në qiellin që ishte në të aguar.

Frika po fashitej duke parë që pamja me majat e maleve të ashpra, gradualisht po zhdukej. Një ditë e re po fillonte, dhe shkëlqimi i ëmbël i rrezeve të diellit na ngrohu disi shpirtërat tanë të akullt.

Por qetësia nuk zgjati shumë pasi kjo ndjenjë u zvendësua nga një tjetër shqetësim.

"Vallë ku po shkojmë? Si do të takohemi me Xhaxhallarët në Kanada?" Pas më shumë se një orë fluturimi, avioni i vogël më së fundi u ul në Budapest të Hungarisë. Të gjithë u ndjemë të turpshëm dhe të çorientuar, duke u përballur papritur me një kulturë tjetër nga e jona. Ekspozimi jonë i parë me botën e jashtme filloi me një izolim disa orësh në zyrat e aeroportit. Pas shumë përpjekjesh dhe shpjegimesh të mundimshme, ne u lejuam të dalim në qytet. Budapesti ishte një qytet i bukur që ndahej në dy pjesë nga lumi i Danubit.

Duke ditur vetëm shqip, dhe duke u përballur me rrugët e botës për herë të parë, na u desh njëfarë kohe se si të shkonim në qytet nga aeroporti, dhe se si të siguronim një hotel për të kaluar natën.

    Kjo situatë nuk ishte e lehtë edhe për Gjyshen nëntëdhjetë e tre vjeçare, por ajo ishte më optimiste se ne. Më së fundi, pas afro dyzet vjetësh kishte ardhur momenti për të takuar tre djemtë e saj të humbur.

    Babai telefonoi vëllezërit me duart që i dridheshin nga emocionet dhe pas disa zilesh të përsëritura telefoni, arriti të dëgjojë zërin pleqëror të njërit prej tyre, " Hello! " Sa shumë vite kishin kaluar. Xhaxhallarëve të mij nuk po ju besohej. Ata u surprizuan dhe u mallëngjyen që ne kishim shpëtuar dhe madje që dhe nëna e tyre "nënoja," kish ardhur me ne. Gjyshja u mbush me mallëngjim, dhe nuk mundi të fliste. Ajo qetësisht dëgjoi zërat e largëm të telefonit dhe u ngashërye nga emocionet. Të gjithë filluam të ngashëreheshim. Ata po niseshin për të ardhur tek ne.

   Sapo gjetëm një strehim të përkohëshëm, ne u shtrimë menjëherë në krevate të dërrmuar. Ishim fizikisht dhe mentalisht të rraskapitur dhe nuk kishim fjetur për disa ditë me radhë.

   Dy nga Xhaxhallarët, arritën menjëherë të nesërmen dhe na gjetën shumë kollaj. Xhaxhai i tretë nuk mundi të fluturonte për arsye shëndetësore.

  Takimi ishte një moment i pabesueshëm emocional për të gjithë ne, dhe sidomos për Gjyshen. Ajo nuk i kishte dëgjuar dhe parë djemtë e saj për tridhjetë e tetë vjet. Nuk mund ti imagjinoni të qarat, britmat, ngashërimet, të puthurat, të përqafuarat, lotët dhe të qeshurat. Emocionet ishin drithëruese.

Gjyshja e menduar dhe e heshtur, nuk ngopej së vështruari djemtë e saj. Pas çmalljes dhe bisedave, dy Xhaxhallarët prenotuan një hotel të këndshëm përgjatë Lumit Danub, dhe na nxorën të gjithëve për një shëtitje nëpër qytet.

Ndërsa darkonim mbrëmjeve në disa restorante të kohës, duke dëgjuar shakatë, të qeshurat dhe këngët e Xhaxhallareve, më së fundi edhe ne filluam të ambientoheshim.

Fytyrat tona, filluan të shkëlqenin si dielli pas furtunës, dhe shikimi ynë i përhumbur, u zëvendësua nga buzëqeshjet shpresëdhënëse.

Brenda disa ditësh pasi morëm visat Kanadeze dhe dokumentet e nevojshme, të gjithë ishim gati.

Pa humbur kohë, ne morëm avionin për në Kanada. Këtë herë ishte një avion i madh dhe komfort. Udhëtimi ishte i gjatë për në vendin që ne kishim folur aq shumë.

Gjatë rrugës, unë kujtoja copëza të tregimeve nga Gjyshërit, dhe kujtime nga shpresat dhe ëndrrat e tyre. Kjo ishte toka që ne të gjithë kishim pritur të shihnim.

Më së fundi avioni preku pistën e aeroportit. Pamja e Torontos nga sipër ishte e mrekullueshme.

Perëndimi i diellit i jepte një shkëlqim delikat gradaçelave të xhamta. Muzika dhe zbukurimet, mbizotëronin përreth aeroportit.
Kjo ishte një botë tjetër nga ajo që ne erdhëm.

Megjithëse ishte një mbrëmje e ftohtë Nëntori, zemrat tona ishin të ndezura me gëzim dhe emocione. Ne ishim të lirë dhe të sigurt!
Ky ishte ribashkimi jonë në një vend shpresëdhënës!

Kushërinjtë tanë po prisnin me padurim për ardhjen tonë, dhe sidomos për Gjyshen e tyre. Me të vërtetë ajo ishte një frymëzim. Por papritur mes tyre doli edhe një surprizë. Motra e saj e vogël, që ishte martuar në Kanada që prej vitit 1932. Të gjithë heshtën. Ato po takoheshin të mekura nga mallëngjimi pas afro shtatëdhjetë vjetësh. Sa shumë vite kishin kaluar...

Ne u përqafuam dhe u puthëm, me lot në sy dhe me britma entuziazmi. Ishte po aq rrënqethëse sa edhe emocionuese të shihje turmën e elektriziuar nga aq shumë ndjenja dhimbjeje dhe gëzimi. Asnjë nga ne nuk ndjehej më i lodhur.

Këtu ndodheshin familja dhe kushërinjtë që ne kishim dëgjuar dhe imagjinuar aq shumë, por që po i shihnim për herë të parë.

Gjyshja jetoi dhe për disa vjet në Kanada, dhe shijoi disa nga momentet e humbura me të tre djemtë.

Ata ishin të moshuar, gëzonin respekt dhe shijonin vitet e pensionit, me fëmijë të rritur dhe me nipër e mbesa.

Sot Ajo prehet e qetë dhe e lirë nga frika dhe shqetësimet, e rrethuar nga hijeshia e gjelbërt e panjave, në një varrezë modeste të qytetit.

Ky vend është ashtu siç e përshkruante shpesh herë Kanadanë, burri i saj.

Ndërkohë pas largimit tonë, një erë e re ndryshimesh përqafoi gjithë Evropën Lindore, duke përfshirë këtu edhe Shqipërinë e vogël.

Mijëra njerëz dolën nëpër rrugë dhe sheshe. Ata të pafrikësuar, kërkuan liri dhe demokraci. Me rënien e murit të Berlinit filloi një epokë e re. Sistemi totalitar Komunist u përmbys.

Më shumë se njëzet vjet kanë kaluar, dhe shumë gjëra kanë ndryshuar. Shqipëria është një vend i lirë dhe i hapur, njerëzit jetojnë një jetë më të mirë; dhe për ne, Gjyshërit tanë do të jenë krenarë.

  Sot të gjithë ne, nipërit dhe mbesat e tyre, kemi hedhur hapat
e jetës sonë në vendin që na priti dhe na ndihmoi.

  Kudo jemi qytetarë të ndershëm, prindër të mirë, dhe punëtorë të
palodhur në shumë profesione; Mësues, infermierë, kuzhinierë,
llogaritarë, dentistë dhe punonjës socialë, anembanë Kanadasë.

  Ka momente dhe ditë, që ndonjëherë sjellim nëpër mend
fëmijërinë tonë si një ëndërr e keqe, por gjithmonë, i kujtojmë
historitë e veçanta të Gjyshit dhe Gjyshes.

  Ato histori të vërteta që ne i shkruajmë, për të vazhduar t'ju a
rrëfejmë fëmijëve tanë, nipërve dhe mbesave, në gjeneratat e
ardhshme që do të vijnë.

Fluturimi per ne Kanada nga aeroporti i Budapestit.
Majtas, Gjyshja dhe Djemte. Hungari, Nentor 1990.

Gjyshja Nebije Kulla, ne takimin mbas shtatedhjete vjetesh,
me motren e saj me te vogel Rakibe Sali. Kanada 1990.

Disa nga brezat e familjes se Mehmet dhe Nebije Kulles (Gjyshit dhe Gjyshes). Kanada 2011.

(Bazuar në historinë e vërtetë, të vendosmërisë dhe mbijetesës në internim së një familje Shqiptare)

Zydi dhe Resmije Kullës dhe fëmijëve të tyre Edit, Esmeraldës, Elsës.

Prindërve të Zydiut (Gjysherve Mehmetit dhe Nebijes), gjithë vëllezërve Kulla (Ibrahimit, Nevruzit, Avniut, Mustafait, Zydiut, Hasanit) dhe motrave (Myneverit, Sanijes) dhe familjarëve të tyre.

Gruas sime Elsës dhe djalit tim Erikut.

Për prindërit e mij, Duro dhe Zinet Dervishi, që më inkurajojnë të shkruaj, vëllait Robertit dhe motrës Meritës.

–   A.D.

Redaktoi: Xhafer Rakipllari dhe Fatjona Poda.

Ky libër është bazuar në një histori të vërtetë. Jo cdo gjë në këtë ngjarje është ashtu sic mund të ketë ndodhur. Disa vende, emra, mosha, vite dhe ngjarje, janë përshtatur për moshat e lexuesve.

Quince & Green

ISBN 978-0-9879080-0-1

Altin Dervishi ka lindur në qytetin e Pogradecit gjatë viteve të sistemit Komunist. Që prej më shumë se dhjetë vjetësh ai jeton me familjen e tij, në Ontario të Kanadasë. "Fluturimi Drejt Lirise" është bazuar në historinë e vërtetë së gruas Elsës dhe gjithë familjes së saj, duke përfshirë Gjyshërit, Xhaxhallarët, Hallat dhe fëmijët e tyre. Kjo është historia e internimit, burgosjeve, vuajtjeve dhe mundimeve të tyre, dhe e ribashkimit pas afro dyzet vjetësh të një nëne nëntëdhjetë e tre vjecare me tre djemtë e saj. Kjo histori ilustrative është botuar edhe në gjuhën angleze në Kanada, SHBA dhe vende të tjera, nën titullin: "Flying To The Land of Freedom." Ky është libri i parë i Altinit

9 780987 908001